REINALDO DOMINGOS

NIGO EM

O ENIGMA DA LADEIRA PRATEADA

ILUSTRAÇÕES: SABRINA ERAS

PRESIDENTE
REINALDO DOMINGOS

DIRETORA PEDAGÓGICA
ANA ROSA ORELLANA VILCHES SOPRANI

EDITORA DE TEXTO E PROJETO EDITORIAL
RENATA DE SÁ

DIRETORA DE ARTE
CHRISTINE BAPTISTA

DIAGRAMAÇÃO
BEATRICE JACOB

ROTEIRISTA
DANIELA NASCIMENTO

REDATORA
HELOÍSA JUNQUEIRA DE NORONHA

EDITOR
ANDREI SANT'ANNA

ILUSTRADORA
SABRINA ERAS

REVISORA
PATRÍCIA DOURADO

DADOS INTERNACIONAIS DE CATALOGAÇÃO NA PUBLICAÇÃO (CIP)
(CÂMARA BRASILEIRA DO LIVRO, SP, BRASIL)

Domingos, Reinaldo
O enigma da ladeira prateada / Reinaldo Domingos ;
ilustração Sabrina Eras. -- São Paulo :
Editora DSOP, 2017.

ISBN: 978-85-8276-285-1

1. Dinheiro - Literatura infantojuvenil
2. Finanças - Literatura infantojuvenil I. Eras, Sabrina.
II. Título.

17-03000 CDD-028.5

ÍNDICES PARA CATÁLOGO SISTEMÁTICO:
1. Educação financeira : Literatura infantojuvenil 028.5
2. Educação financeira : Literatura juvenil 028.5

ESCRITA POR REINALDO DOMINGOS, PHD EM EDUCAÇÃO FINANCEIRA, ESTA HISTÓRIA CONTA, A PARTIR DO PONTO DE VISTA DE NICO, UM MENINO EMPREENDEDOR, FILHO DO MEIO DO CASAL PAULO E MARIA, QUE EXISTEM SONHOS MATERIAIS, MAS, PRINCIPALMENTE, QUE EXISTEM SONHOS NÃO MATERIAIS, AQUELES QUE NÃO PRECISAM DE DINHEIRO PARA SEREM REALIZADOS. EMBASADOS NA **METODOLOGIA DSOP** (DIAGNOSTICAR, SONHAR, ORÇAR E POUPAR), OS PERSONAGENS PROCURAM NOS ENSINAR, DE FORMA LÚDICA, COMO ENCARAR DESAFIOS, RESOLVER CONFLITOS E REALIZAR SONHOS DE UMA MANEIRA BASTANTE ENVOLVENTE E BUSCANDO O QUE CADA MEMBRO DA FAMÍLIA TEM DE MELHOR PARA OFERECER.

A OBRA FOI DESENVOLVIDA DE MODO QUE A CRIANÇA CONTRIBUA PARA A CONSTRUÇÃO DO LIVRO. POR ISSO, A TODO MOMENTO, ELA É CONVIDADA A PARTICIPAR DA HISTÓRIA, SEJA POR MEIO DE UMA REFLEXÃO SOBRE DETERMINADO ASSUNTO, SEJA AO PRECISAR COMPLETAR UM DESAFIO PARA SEGUIR ADIANTE COM A LEITURA. AS ILUSTRAÇÕES, FEITAS EM *PIXEL ART*, LEMBRAM AS TELAS DE UM VIDEOGAME, O QUE REFORÇA AINDA MAIS A PROPOSTA DE FAZER COM QUE A CRIANÇA AVANCE SOMENTE APÓS "PASSAR DE TELA", ISTO É, DEPOIS DE SOLUCIONAR O DESAFIO DAQUELA PÁGINA.

COMPLEMENTAR À COLEÇÃO DOS SONHOS PARA EDUCAÇÃO FINANCEIRA – O LIVRO *O ENIGMA DA LADEIRA PRATEADA* FOI DESENVOLVIDO E FUNDAMENTADO NA NEUROCIÊNCIA, O QUE CONTRIBUI PARA ENSINAR O TEMA EDUCAÇÃO FINANCEIRA EM CONJUNTO COM AS DISCIPLINAS CURRICULARES. ALÉM DISSO, O MATERIAL TEM COMO PROPOSTA APROFUNDAR AS QUESTÕES JÁ TRABALHADAS NA COLEÇÃO, ALÉM DE VALORES COMO AMIZADE, CONFIANÇA, PARCERIA E APOIO MÚTUO. É UMA OBRA QUE SE ADEQUA AO PROJETO PEDAGÓGICO DAS INSTITUIÇÕES DE ENSINO, POSSIBILITANDO SER TRABALHADA DE FORMA INTERDISCIPLINAR.

Nico, André, Tomoko, Fred e Olívia

PARA NICO, O SEGUNDO ANO DA ESCOLA – TAMBÉM O SEGUNDO ANO MORANDO EM GUATINGA – PARECIA AINDA MAIS ANIMADO. TAMBÉM PUDERA: ALÉM DE TER SE TORNADO GRANDE AMIGO DE ANDRÉ, SEU COLEGA DE SALA E VIZINHO, ELE TINHA SE APROXIMADO DE ANA TOMOKO, UMA GAROTA SUPERLEGAL, E DE FRED, QUE TAMBÉM ERA MUITO BACANA. OLÍVIA, UMA MENINA NOVA NA ESCOLA, COMPLETAVA A TURMA, QUE NÃO SE LARGAVA NEM DEPOIS DAS AULAS.

ANA TOMOKO
(TOMOKO) - 8 ANOS
OBJETIVO:
APRENDER AS
IANOBRAS DE SKATE
CORRETAMENTE
OLÍVIA BARBOSA
(OLÍVIA) - 7 ANOS
OBJETIVO: SER
UMA SKATISTA
PROFISSIONAL
ANDRÉ COUTINHO
(ANDRÉ) - 7 ANOS
OBJETIVO: CRIAR
UM SKATE CAPAZ
DE VOAR
FREDERICO JUNQUEIRA
(FRED) - 7 ANOS
OBJETIVO: GANHAR O
CAMPEONATO DE PATINS
DA CIDADE E MAIS UMA
COISINHA

UM DOS PROGRAMAS FAVORITOS DO QUINTETO É ANDAR DE PATINS E SKATE NO PARQUE. NO INÍCIO, NICO SE SENTIA UM POUCO ENVERGONHADO PORQUE NÃO DOMINAVA AS RODINHAS DIREITO. COM A AJUDA E AS DICAS DOS AMIGOS, ELE LOGO PEGOU O JEITO E ATÉ TOPOU PARTICIPAR, COMO UMA EQUIPE, DO *4° CAMPEONATO DE SKATE E PATINS DO MUNICÍPIO DE GUATINGA*, QUE ACONTECERIA NO FIM DO ANO.

OS CINCO PRATICAVAM JUNTOS SEMPRE QUE PODIAM E LEVAVAM OS TREINOS MUITO A SÉRIO. ELES NEM DESANIMARAM QUANDO A PREFEITURA FECHOU O PARQUE POR FALTA DE DINHEIRO PARA A MANUTENÇÃO. POR CONTA DISSO, NICO E SEUS AMIGOS DECIDIRAM PROCURAR OUTRO LOCAL E POUPARAM PARTE DA MESADA QUE RECEBIAM PARA ALUGAR, POR ALGUMAS HORAS AOS FINS DE SEMANA, A PISTA PARTICULAR DO BAIRRO ONDE MORAVAM.

E ELES NÃO PARARAM POR AÍ: COM O AUXÍLIO DOS PAIS E DO PESSOAL DA ESCOLA, ORGANIZARAM UM ABAIXO-ASSINADO PARA SOLICITAR À PREFEITURA QUE REABRISSE O PARQUE. ALGUNS MESES ANTES DE O CAMPEONATO ACONTECER, O PARQUE REABRIU – RESULTADO DO SUCESSO DA CAMPANHA.

OLÍVIA FOI QUEM SE SENTIU MAIS CONTENTE. APESAR DE TER UMA PRÓTESE NA PERNA ESQUERDA, ELA ERA A MAIS DEDICADA DA TURMA E VOLTA E MEIA COMPARTILHAVA COM OS COLEGAS AS MANOBRAS QUE APRENDIA NA INTERNET OU EM REVISTAS. NOS ÚLTIMOS TEMPOS, OLÍVIA, QUE SONHAVA EM SER UMA SKATISTA PROFISSIONAL, NÃO VIA A HORA DE TROCAR A PRÓTESE, MOMENTO QUE LOGO CHEGARIA, POIS A MENINA ESTAVA CRESCENDO E PRECISAVA DE UM MODELO MAIOR.

ENQUANTO SEU SONHO NÃO SE TORNAVA REALIDADE, OLÍVIA CURTIA A ALEGRIA DE TREINAR AO LADO DOS AMIGOS.

ENTRE UMA MANOBRA E OUTRA, ELES CONVERSAVAM COM OUTRAS CRIANÇAS QUE TAMBÉM FREQUENTAVAM O PARQUE. UM DIA, OUVIRAM UMA HISTÓRIA PARA LÁ DE ESQUISITA: UM SKATISTA MASCARADO TINHA COMEÇADO A TREINAR POR ALI E, SEGUNDO DIZIAM, ERA MUITO BOM, FERA MESMO. NINGUÉM, PORÉM, SABIA QUEM ESTAVA POR TRÁS DA MÁSCARA.

FRED, QUE ESTAVA UM POUCO DISTANTE DESDE QUE O PRIMO MAIS VELHO DELE FOI PASSAR UNS DIAS NA CIDADE, FOI O PRIMEIRO A QUESTIONAR: SERÁ QUE O TAL MASCARADO PARTICIPARIA DO CAMPEONATO?

TOMOKO, SEMPRE DESCONFIADA, DUVIDAVA DA EXISTÊNCIA DELE. ANDRÉ ACREDITAVA, MAS ACHAVA TUDO MUITO ESTRANHO E RAPIDAMENTE COMEÇOU A BOLAR UMA TEORIA PRA LÁ DE MALUCA. NICO, COMO DE COSTUME, ESTAVA DOIDO PARA SOLUCIONAR UM MISTÉRIO.

– E SE A GENTE PROCURASSE PELO SKATISTA MASCARADO? VOCÊS SE LEMBRAM DE QUE O PARQUE TEM OUTRA PISTA? É LÁ QUE ELE DEVE PRATICAR – NICO SUGERIU.

AO CHEGAREM LÁ, OS CINCO AMIGOS OBSERVARAM ATENTAMENTE AS PESSOAS NA PISTA. **E VOCÊ? OBSERVE BEM A IMAGEM E AJUDE A TURMA DO NICO A ENCONTRAR O TAL MASCARADO.**

E NÃO É QUE OS RUMORES ESTAVAM CERTOS? NICO E OS AMIGOS REALMENTE ENCONTRARAM UMA PESSOA MASCARADA, QUE PELA ESTATURA PARECIA SER UM POUCO MAIS VELHA QUE ELES: DEVERIA TER, NO MÁXIMO, UNS 10 ANOS DE IDADE. E, DE FATO, O MASCARADO SE DESTACAVA ENTRE OS DEMAIS, POIS FAZIA MANOBRAS INCRÍVEIS NO SKATE.

TODOS FICARAM MUITO ADMIRADOS.

FRED E OLÍVIA, OS MAIS TALENTOSOS DO GRUPO, ESTAVAM ATÔNITOS. TOMOKO, QUE NÃO SE IMPRESSIONAVA FACILMENTE, NÃO CONSEGUIA NEM FECHAR A BOCA DE TANTA SURPRESA. NICO TENTOU BALBUCIAR ALGO, MAS SE CALOU AO VER O MASCARADO TRATAR COM ANTIPATIA UMA CRIANÇA QUE TINHA TENTADO SE APROXIMAR.

OLÍVIA FICOU FRUSTRADA COM O MAU HUMOR DELE, POIS TAMBÉM PLANEJAVA ABORDÁ-LO.

POSSIVELMENTE INCOMODADO COM A CURIOSIDADE QUE DESPERTAVA, O MASCARADO SEGUIU EM DIREÇÃO À LADEIRA PRATEADA E SUMIU SEM DEIXAR PISTAS. ASSIM QUE PARTIU, TODOS SÓ SABIAM COMENTAR O QUANTO O MENINO ERA BOM.

– QUEM DISSE QUE É UM MENINO? AS MENINAS TAMBÉM MANDAM MUITO BEM NO SKATE, SABIA? – DISSE TOMOKO.

Um estranho no ninho

DURANTE O INTERVALO NA ESCOLA, NICO, OLÍVIA E TOMOKO CONTINUAVAM A FALAR SOBRE O MASCARADO. TODOS CHEGARAM À CONCLUSÃO DE QUE ELE NÃO PARECIA NEM UM POUQUINHO AMIGÁVEL. NO ENTANTO, A FALTA DE SIMPATIA DO SKATISTA NÃO OS PREOCUPAVA TANTO. ELES QUERIAM SABER SE O GAROTO MISTERIOSO IRIA COMPETIR NO TORNEIO. TOMOKO RELEMBROU QUE ELE – "OU ELA", COMO FAZIA QUESTÃO DE FRISAR – PRECISAVA DE UMA EQUIPE PARA ISSO, POIS NÃO PODERIA PARTICIPAR SOZINHO.

– ELE OU ELA DEVE TER UM TREINADOR. NINGUÉM FICA TÃO BOM ASSIM PRATICANDO SOZINHO – COMENTOU OLÍVIA QUE, POR SER A MAIS ENTUSIASTA DO ESPORTE, CONHECIA A ROTINA MELHOR DO QUE OS OUTROS.

TOMOKO, ENTÃO, SUGERIU QUE ELES TAMBÉM DEVERIAM ARRUMAR UM TREINADOR. OLÍVIA CURTIU A IDEIA E CITOU VÁRIOS SKATISTAS COM QUEM GOSTARIA DE TREINAR. SEU PREDILETO ERA JOÃO MENEZES, O JOCA, TRICAMPEÃO MUNDIAL.

ENQUANTO ISSO, ANDRÉ FICOU DE ENCONTRAR FRED EM FRENTE À BIBLIOTECA PARA IREM JUNTOS AO PARQUINHO, MAS O GAROTO PARECIA TER DADO UMA VOLTA DESNECESSÁRIA NA ESCOLA, PORQUE FRED VEIO JUSTAMENTE DO SENTIDO OPOSTO AO PONTO DE ENCONTRO. QUANDO ANDRÉ O QUESTIONOU, ELE APENAS DISSE QUE TINHA PASSADO NA SALA DE MÚSICA PARA PEGAR ALGUNS PANFLETOS DE AULAS DE DANÇA PARA UMA AMIGA. ASSIM QUE CHEGARAM AO GIRA-GIRA E SOUBERAM DA IDEIA DE TOMOKO, JOGARAM UM BALDE DE ÁGUA FRIA, TRAZENDO A AMIGA DE VOLTA À REALIDADE.

– UM TREINADOR NÃO TERIA COMO AJUDAR, JÁ QUE FALTAVA POUCO TEMPO PARA O CAMPEONATO – DISSE FRED.

– ALÉM DO MAIS, COM QUE DINHEIRO IRIAM PAGÁ-LO? – COMPLETOU ANDRÉ.

AS CRIANÇAS ENCERRARAM O ASSUNTO ASSIM QUE O SINAL TOCOU.

NO LABORATÓRIO DE INFORMÁTICA, FRED E OLÍVIA PEDIRAM A AJUDA DA PROFESSORA PARA VER QUANTAS EQUIPES JÁ ESTAVAM INSCRITAS NO TORNEIO. OS GAROTOS ACHARAM A LISTA, MAS ELA VEIO EMBARALHADA E SEM A SEPARAÇÃO DOS NOMES POR EQUIPES.

RECORTE, NAS PÁGINAS 65 E 66 NO FIM DO LIVRO, A LISTA EMBARALHADA QUE OLÍVIA E FRED ENCONTRARAM E TAMBÉM A TABELA EM BRANCO DA FORMAÇÃO DAS EQUIPES. SIGA AS PISTAS A SEGUIR E DESCUBRA OS NOMES DOS PARTICIPANTES DE CADA UMA DELAS. AH, E CLARO, SE O TAL MASCARADO TAMBÉM ESTÁ INSCRITO NO *4° CAMPEONATO DE SKATE E PATINS DO MUNICÍPIO DE GUATINGA.*

PISTA 1:

OS NOMES DOS PARTICIPANTES DA EQUIPE "A" COMEÇAM COM A LETRA C.

PISTA 2:

OS NOMES DOS PARTICIPANTES DA EQUIPE "B" COMEÇAM COM VOGAIS.

PISTA 3:

OS NOMES DOS PARTICIPANTES DA EQUIPE "C" SÃO PALÍNDROMOS.

PISTA 4:

OS PARTICIPANTES DA EQUIPE "D" SÃO A "TURMA DO NICO". NO ENTANTO, SÓ APARECE O SOBRENOME DELES NA LISTA. VASCULHE NAS ILUSTRAÇÕES DO LIVRO E COMPLETE A TABELA CORRETAMENTE.

EQUIPE A	EQUIPE B

EQUIPE C	EQUIPE D

NICO, TOMOKO E ANDRÉ SE JUNTARAM A FRED E OLÍVIA PARA ANALISAR A TABELA E PERCEBERAM QUE EM UMA DAS EQUIPES HAVIA UM TAL DE "**MA**".

– SÓ PODE SER "MA" DE MASCARADO! – CONCLUIU ANDRÉ.

OS CINCO SAÍRAM DA ESCOLA MUITO DESANIMADOS. EM CASA, NICO QUIS OUVIR OS CONSELHOS DO AVÔ, SEU AMADEU E PEDIU PARA O PAI AJUDÁ-LO A FAZER UMA VIDEOCHAMADA.

DURANTE A CONVERSA, O GAROTO COMENTOU QUE TALVEZ ELE E SEUS AMIGOS ESTIVESSEM NERVOSOS DEMAIS E QUE NÃO DEVERIAM LIGAR TANTO ASSIM PARA O SKATISTA. AMADEU O ACONSELHOU A NÃO SUBESTIMAR OS CONCORRENTES, JÁ QUE QUANTO MELHOR FOSSE O ADVERSÁRIO, MAIORES SERIAM O VALOR E A VITÓRIA DE QUEM O VENCESSE.

– SÓ QUE, SE O MASCARADO PARTICIPAR MESMO DO CAMPEONATO, NÃO TEREMOS A MENOR CHANCE – REBATEU NICO.

– EU ACREDITO QUE VOCÊS SE INSCREVERAM NA COMPETIÇÃO PORQUE GOSTAM DE ESPORTE, E NÃO PARA FAZER DESAFETOS. E LEMBRE-SE, MEU NETO, DE QUE É POSSÍVEL APRENDER COM AS MANOBRAS DOS CONCORRENTES.

NICO FOI DORMIR PENSANDO NAS PALAVRAS DO AVÔ. ELE E OS AMIGOS CURTIAM MUITO ANDAR DE SKATE E DE PATINS, COM OU SEM COMPETIÇÃO, MAS NÃO ADIANTAVA IGNORAR A PRESENÇA DO SKATISTA MASCARADO. CONHECER MAIS SOBRE ELE, REALMENTE, PODERIA SER MUITO ÚTIL.

Os detetives entram em ação

NICO ACORDOU DISPOSTO A MOTIVAR OS AMIGOS. ELE ACHAVA QUE, SE DESCOBRISSEM ALGUMA COISA SOBRE O MASCARADO, MENOS SURPRESAS TERIAM NA COMPETIÇÃO. EM UMA CONVERSA NA ESCOLA, ANDRÉ FOI O PRIMEIRO A CONCORDAR.

ELE E NICO FORAM CAPAZES DE RESOLVER O MISTÉRIO DOS ANIMAIS DESAPARECIDOS NO PRIMEIRO ANO; É CLARO, ENTÃO, QUE SOLUCIONARIAM UM NOVO ENIGMA COM 100% DE SUCESSO! E AINDA POR CIMA TINHAM A AJUDA DE NOVOS AMIGOS.

FRED E TOMOKO TAMBÉM GOSTARAM DA IDEIA, MAS LEMBRARAM OS COLEGAS DE QUE SERIA BOM MANTER A INVESTIGAÇÃO EM SEGREDO QUANDO FOSSEM AO PARQUE – SE OS PAIS FICASSEM SABENDO, PROVAVELMENTE NÃO OS DEIXARIAM À VONTADE PARA XERETAR.

ACORDO FEITO, ELES FORAM PARA A SALA DE AULA. ASSIM QUE TERMINOU DE COPIAR A MATÉRIA DA LOUSA, TOMOKO USOU UMA PÁGINA DO CADERNO PARA ESCREVER UMA LISTA DE COISAS QUE A TURMA PODERIA FAZER PARA DESCOBRIR MAIS SOBRE O SKATISTA MASCARADO. ELA RESOLVEU MONTAR UM CÓDIGO PARA EVITAR QUE A PROFESSORA OU OUTROS ALUNOS SOUBESSEM DOS PLANOS DO GRUPO.

USE O CÓDIGO E DESCUBRA OS PLANOS DE TOMOKO PARA QUE SEUS AMIGOS CONSIGAM MAIS INFORMAÇÕES SOBRE O SKATISTA MISTERIOSO. COMO PISTA, TOMOKO SÓ DISSE PARA A TURMA: SKATE = BINGO. SUBSTITUAM AS LETRAS DAS PALAVRAS SKATE POR BINGO E VICE-VERSA PARA DECIFRAR O CÓDIGO.

SKATE = BINGO

EXEMPLO:

DOCKFRO E CÉDKTE

DECIFRE O CÓDIGO

BOGUKR E MNBCNRNDE

DOBCESRKR E AEMO DOLO

NAEGNR MNAESRNB

NA MESMA TARDE, APÓS DECIFRAREM AS INFORMAÇÕES DE TOMOKO, TODOS FORAM AO PARQUE TREINAR E TENTAR DESCOBRIR ALGO SOBRE O SKATISTA MASCARADO.

ASSIM QUE CHEGARAM, O VIRAM NA PISTA EM QUE COSTUMAVAM TREINAR. MAIS UMA VEZ, O SUJEITO ESTAVA FAZENDO MANOBRAS MUITO RADICAIS, SÓ QUE DESSA VEZ... DE PATINS!

TODOS FICARAM INCONFORMADOS! COMO ALGUÉM PODERIA SER TÃO BOM NO SKATE E TAMBÉM NOS PATINS? NÃO, NÃO, NÃO! ERA TUDO MUITO ESTRANHO! NEM OS GRITOS DE INCENTIVO DO PAI DE FRED, O SEU BENÊ, SEMPRE O MAIS ENTUSIASMADO DOS ADULTOS, AJUDARAM A TURMA A ESQUECER O QUE TINHAM ACABADO DE VER.

SENTADO NA GUIA E GIRANDO AS RODINHAS DO SKATE COM A MÃO, PARA DIMINUIR O NERVOSISMO, ANDRÉ FALOU AOS OUTROS QUE O MENINO DEVIA USAR ALGUM TIPO DE TRUQUE. TOMOKO DISCORDOU:

– NÃO É POSSÍVEL QUE AQUELAS MANOBRAS SEJAM UM TRUQUE, ANDRÉ. TEM QUE EXISTIR ALGUMA LÓGICA...

– EU CONCORDO COM A TOMOKO, PESSOAL. TEM QUE TER ALGUMA EXPLICAÇÃO LÓGICA – COMENTOU NICO.

– MAS O MASCARADO DEVE TER UNS 10 ANOS, GENTE. É NOVO DEMAIS PARA SER TÃO BOM ASSIM EM DUAS COISAS TÃO DIFERENTES, MESMO COM MUITO TREINO – OBSERVOU OLÍVIA.

– É, TALVEZ ELE SEJA UM SUPER-HUMANO – RESPONDEU ANDRÉ, MEIO IRRITADO.

ANDRÉ TINHA VISTO POUCO TEMPO ATRÁS UM DOCUMENTÁRIO SOBRE PESSOAS QUE PODIAM FAZER COISAS FANTÁSTICAS. NADA DE TRUQUES: TUDO ERA EXPLICADO PELA CIÊNCIA! PARA CONVENCER OS COLEGAS DE SUA TEORIA, ELE DEU O EXEMPLO DE OLÍVIA: ELA ERA PRATICAMENTE A SUPER-HUMANA DA TURMA. A DEFICIÊNCIA NÃO A IMPEDIA DE SER UMA FERA NO SKATE.

QUEM NÃO A CONHECESSE PODERIA ACHAR QUE ERA MENTIRA. TODOS RIRAM E, CLARO, CONCORDARAM. NICO ENCERROU A CONVERSA PEDINDO AOS COLEGAS QUE CONTINUASSEM A INVESTIGAR. O MAIS ESPANTADO ERA ANDRÉ, QUE JÁ HAVIA MUDADO DE OPINIÃO – ELE NÃO ERA UM SUPER-HUMANO, MAS UMA ESPÉCIE DE SUPER-HERÓI COM ALGUM PODER DESCONHECIDO.

ANDRÉ DISSE QUE O MASCARADO TALVEZ ATÉ PUDESSE VOAR; NO MÍNIMO, LEVITAR. PARA ELE, SÓ ALGO SOBRENATURAL JUSTIFICARIA A PERFEIÇÃO DAS MANOBRAS. OLÍVIA DISCORDAVA DAS FANTASIAS DE ANDRÉ, ASSIM COMO OS OUTROS. ELA SABIA QUE OS SKATISTAS PROFISSIONAIS CONSEGUIAM FAZER MANOBRAS TÃO BOAS E ATÉ MELHORES DO QUE AS DO MASCARADO.

A INVESTIGAÇÃO E AS PERGUNTAS ÀS OUTRAS CRIANÇAS CONTINUAVAM. ELES CAMINHARAM EM DIREÇÃO AO CAIO – UM MENINO QUE ESTAVA SEMPRE POR LÁ E QUE TAMBÉM TINHA FEITO A INSCRIÇÃO PARA O CAMPEONATO.

CAIO ESTAVA MOSTRANDO A FOTO DOS PATINS QUE GANHOU DE PRESENTE DO TIO.

ERAM PATINS MUITO BONS E MUITO CAROS, REPAROU OLÍVIA, QUE COMENTOU QUE VÁRIOS PROFISSIONAIS USAVAM O MESMO MODELO. ELA APROVEITOU PARA PERGUNTAR AO GAROTO SE ELE JÁ HAVIA FALADO COM O MASCARADO.

O MENINO CONTOU QUE TINHA TENTADO CONVERSAR COM ELE, MAS O MASCARADO DEIXOU CAIO FALANDO SOZINHO.

A TURMA DO NICO TAMBÉM NÃO TEVE MUITA SORTE. TODA VEZ QUE SE APROXIMAVA DO MASCARADO, ELE FUGIA.

PREOCUPADOS COM A COMPETIÇÃO, OLÍVIA E FRED INSISTIAM COM OS OUTROS PARA ESQUECEREM ESSA HISTÓRIA DE INVESTIGAÇÃO, POIS ESTAVAM PERDENDO TEMPO. ABALADOS, OS DEMAIS COMEÇARAM MESMO A PENSAR EM DESISTIR.

TUDO COMEÇOU A MUDAR QUANDO ESTAVAM TREINANDO NA PISTA MAIOR E PERCEBERAM UM BURBURINHO ENTRE AS CRIANÇAS. EM UMA RODINHA DE AMIGOS, CAIO PARECIA BEM NERVOSO, ENQUANTO UM AMIGO DELE, ROBERTO, APONTAVA PARA O MASCARADO QUE PATINAVA NA OUTRA PONTA DA PISTA.

TODOS FALAVAM AO MESMO TEMPO, ATÉ QUE ELES CONSEGUIRAM ENTENDER A HISTÓRIA: NO DIA ANTERIOR, CAIO CONTARA PARA OS AMIGOS QUE O PAR DE PATINS SUPERCARO DADO PELO TIO HAVIA SUMIDO. O GAROTO ACHAVA QUE O TINHA ESQUECIDO NO PARQUE, MAS QUANDO VOLTOU PARA BUSCÁ-LO, OS PATINS NÃO ESTAVAM MAIS LÁ.

– E QUEM APARECEU HOJE USANDO UM PAR IGUALZINHO? O MASCARADO! – DISSE ROBERTO, INDO PERGUNTAR AO PATINADOR MISTERIOSO SE ELE SABIA DE ALGUMA COISA.

O MASCARADO, COMO DE COSTUME, NÃO RESPONDEU. DEU MEIA-VOLTA E O IGNOROU. ROBERTO QUERIA DENUNCIAR O MENINO A ALGUM GUARDA DO PARQUE, MAS CAIO IMPLOROU PARA QUE ELE NÃO FALASSE NADA. E SE O MASCARADO TIVESSE UM MODELO IGUALZINHO DE PATINS? ELES, DE FATO, NÃO TINHAM COMO PROVAR COISA ALGUMA.

NICO E OS AMIGOS SE AFASTARAM E CONCORDARAM QUE TUDO AQUILO ERA MUITO ESQUISITO. NO FIM DE SEMANA, O GAROTO FOI COM SUA FAMÍLIA PASSEAR NO PARQUE E APROVEITOU PARA TREINAR UM POUCO. NO ENTANTO, NICO ACABOU SE ATRAPALHANDO E LEVOU O MAIOR TOMBO, MAS NEM LIGOU. A QUEDA FEZ COM QUE ELE REPARASSE EM ALGO INCRÍVEL, CAPAZ DE MUDAR O RUMO DAS INVESTIGAÇÕES.

RECORTE, DA PÁGINA 69 NO FIM DO LIVRO, AS PEÇAS DO QUEBRA--CABEÇA E COLE-AS AQUI PARA DESCOBRIR O QUE NICO VIU.

Uma geração de supermascarados

NICO MAL SE AGUENTAVA COM TAMANHA INFORMAÇÃO! ASSIM QUE VOLTOU PARA CASA, PENSOU EM ENTRAR EM CONTATO COM OS AMIGOS, MAS DECIDIU SE ACALMAR ATÉ O DIA SEGUINTE. MANDAR UMA MENSAGEM IRIA DEPENDER DA MÃE OU DO PAI E ELES IRIAM FAZER PERGUNTAS... MELHOR ESPERAR.

NUNCA UMA SEGUNDA-FEIRA FOI TÃO AGUARDADA POR NICO. MAL CHEGOU À ESCOLA, ELE CORREU PARA REUNIR A TURMA E CONTAR O QUE VIU: NÃO É APENAS UM MASCARADO, MAS SÃO DOIS – UM DE PATINS E OUTRO DE SKATE! – REVELOU.

A REVELAÇÃO, NO ENTANTO, LEVOU A NOVAS DÚVIDAS. POR QUE OS MASCARADOS ERAM TÃO PARECIDOS? E POR QUE USAVAM MÁSCARAS? FORAM ELES QUE ACHARAM OS PATINS DO CAIO?

À TARDE, NO PARQUE, DESSA VEZ ACOMPANHADAS DE SEU PAULO, PAI DE NICO, AS CRIANÇAS PUDERAM VER QUE NICO TINHA MESMO RAZÃO: ERAM DOIS MASCARADOS! ENQUANTO UM PERMANECIA NA PISTA MENOR, O OUTRO FICAVA NA MAIOR. O PONTO DE TROCA ERA A LADEIRA PRATEADA, POSICIONADA, EXATAMENTE, ENTRE AS DUAS PISTAS.

E SE NÃO FOSSEM APENAS DOIS, MAS CINCO? UMA EQUIPE INTEIRA DE MASCARADOS QUE, COM CERTEZA, GANHARIA TODAS AS PROVAS DA COMPETIÇÃO? – PONDEROU FRED.

– COMO OS MASCARADOS TÊM PODERES DE SUPERVELOCIDADE E DE DESAPARECIMENTO, ERA BEM POSSÍVEL QUE PUDESSEM SE MULTIPLICAR E PRODUZIR VÁRIOS CLONES! – CONCLUIU ANDRÉ.

– CALMA, NÃO É NADA DISSO! – DISSE TOMOKO, A MAIS RACIONAL DA TURMA. – PRIMEIRO, PORQUE NA LISTA DE NOMES DA COMPETIÇÃO NÓS VIMOS SOMENTE UM "MA" E NÃO CINCO. E, SE VOCÊ REPARAR BEM, OS MASCARADOS SÃO BEM PARECIDOS, MAS NÃO IGUAIS. ENTÃO, NÃO PODEM SER CLONES.

SERÁ QUE TOMOKO ESTÁ CERTA? IDENTIFIQUE E SINALIZE NA IMAGEM AS DIFERENÇAS ENTRE OS MASCARADOS.

OLÍVIA ACHAVA BEM BIZARRA A IDEIA DE UMA EQUIPE COM CINCO MASCARADOS E COMPROMETEU-SE A DAR UMA OLHADA DE NOVO NA LISTA DA INTERNET.

ENQUANTO SEU PAULO LIA UM LIVRO SENTADO EM UM BANCO, PRÓXIMO À PISTA, OS CINCO CONTINUARAM A DEBATER O ASSUNTO POR UM BOM TEMPO.

FINALMENTE, CHEGARAM À MESMA CONCLUSÃO: PRECISAVAM SEGUIR TREINANDO E INVESTIGANDO, JÁ QUE FALTAVAM APENAS TRÊS SEMANAS PARA A COMPETIÇÃO.

NO DIA SEGUINTE, OLÍVIA SURGIU COM A RESOLUÇÃO DE MAIS UM MISTÉRIO: A LISTA DE COMPETIDORES QUE ELES HAVIAM VISTO ESTAVA COM UM PROBLEMA.

EM CASA, ELA PEGOU UMA NOVA VERSÃO NO SITE DA PREFEITURA, E TODOS OS NOMES ESTAVAM IGUAIS. MAS O "MA", NA VERDADE, ERA OTTO MARQUES, UM MENINO MAIS VELHO QUE ESTUDAVA NA MESMA ESCOLA QUE NICO E SEUS AMIGOS. POR CAUSA DE UMA FALHA NO SISTEMA, NÃO HAVIA APARECIDO O NOME DELE COMPLETO.

VOLTE À TABELA COM OS NOMES DAS EQUIPES E PREENCHA O QUADRO COM O INTEGRANTE QUE ESTAVA FALTANDO.

NAS SEMANAS SEGUINTES, ATÉ A DATA DO CAMPEONATO, OLÍVIA, QUE ERA QUEM MAIS ESTUDAVA OS MOVIMENTOS RADICAIS DOS MASCARADOS, SE ENCARREGOU DE ANOTAR TODAS AS MANOBRAS QUE OS DOIS FAZIAM, TANTO DE SKATE QUANTO DE PATINS. DEPOIS, ELA REPASSAVA PARA OS AMIGOS, QUE TENTAVAM PRATICAR. ALGUMAS ERAM BEM DIFÍCEIS, COMPLICADAS MESMO!

NICO E OS OUTROS FICAVAM UM POUCO PREOCUPADOS QUANDO OLÍVIA IA TENTAR, MAS, EM GERAL, ELA TIRAVA DE LETRA E ACERTAVA E ERRAVA COMO TODOS ELES.

FRED, NO ENTANTO, APÓS UM PERÍODO DE DEDICAÇÃO AOS TREINOS, VOLTOU A FICAR ESTRANHO, UM POUCO AVOADO.

ALÉM DISSO, VALE CONTAR QUE O AVÔ DE NICO ESTAVA CERTO NOVAMENTE: A INVESTIGAÇÃO ESTAVA SERVINDO PARA A TURMA APRENDER NOVAS MANOBRAS COM OS ADVERSÁRIOS.

ALÉM DOS TREINOS INTENSIFICADOS NAS ÚLTIMAS SEMANAS, TOMOKO E NICO COMBINARAM QUE TENTARIAM SEGUIR OS DOIS MASCARADOS QUANDO ELES DEIXASSEM O PARQUE, JÁ QUE ERAM OS MAIS RÁPIDOS NO SKATE E NOS PATINS, RESPECTIVAMENTE. MAS O PLANO NÃO DEU CERTO. OS MASCARADOS ERAM RÁPIDOS DEMAIS.

A equipe prateada

NO DIA DO CAMPEONATO, MARCADO PARA O PRIMEIRO SÁBADO DE DEZEMBRO, AS CRIANÇAS ESTAVAM ANSIOSAS DEMAIS. PARA PARTICIPAR DO EVENTO OU ASSISTIR A ELE, CADA PESSOA DEVERIA DOAR UMA PEÇA DE ROUPA OU SAPATO.

NA CORRERIA, FRED QUASE ESQUECEU O SEU CAPACETE, MAS LEMBROU A TEMPO.

NO FIM, ELES TIVERAM UMA GRANDE SURPRESA: OS MASCARADOS NEM SEQUER DERAM AS CARAS, OU MELHOR, AS MÁSCARAS NO TORNEIO! AS MANOBRAS QUE A TURMA APRENDEU OBSERVANDO OS DOIS, NO ENTANTO, FORAM BEM ÚTEIS, E A EQUIPE DE NICO CONQUISTOU O SEGUNDO LUGAR NO TÃO AGUARDADO *4º CAMPEONATO DE SKATE E PATINS DO MUNICÍPIO DE GUATINGA*.

– SE A GENTE TIVESSE PERDIDO MENOS TEMPO BISBILHOTANDO, COM CERTEZA NOSSA PONTUAÇÃO SERIA AINDA MELHOR. NO ANO QUE VEM, O PRIMEIRO LUGAR SERÁ NOSSO! – COMENTOU TOMOKO, SEGURANDO O TROFÉU DE PRATA NAS MÃOS.

TODOS DA EQUIPE TAMBÉM GANHARAM UM. POR IRONIA DO DESTINO, FOI A EQUIPE DE "MA", OU MELHOR, OTTO MARQUES QUE LEVOU A PRIMEIRA COLOCAÇÃO.

ERA ÉPOCA DE FÉRIAS E AS PISTAS ESTAVAM CADA VEZ MAIS CHEIAS. APESAR DE O CAMPEONATO JÁ TER PASSADO, OS AMIGOS CONTINUAVAM EMPOLGADOS EM TESTAR NOVAS MANOBRAS NO SKATE E NOS PATINS. OLÍVIA, ALIÁS, TEVE UM ÓTIMO DESEMPENHO NO TORNEIO E SE SENTIA MAIS EMPOLGADA DO QUE NUNCA.

EM UMA TARDE GOSTOSA, PARA TOTAL ESPANTO DE NICO E TOMOKO, OS MASCARADOS APARECERAM JUNTOS NO PARQUE. UM DESLIZAVA DE PATINS, ENQUANTO O OUTRO RADICALIZAVA NO SKATE. AS CRIANÇAS, NO ENTANTO, NÃO CONTAVAM COM AQUELA DESCOBERTA QUE ACABARAM DE FAZER.

O QUE SERÁ QUE ELES DESCOBRIRAM? NOTE QUE ALGUMAS PARTES DA IMAGEM NÃO ESTÃO COLORIDAS. DE ACORDO COM O QUE VOCÊ DESCOBRIU NA PÁGINA 32 SOBRE OS MASCARADOS, PINTE-OS CORRETAMENTE.

COM RECEIO DE SEREM VISTOS, NICO E TOMOKO NÃO SE APROXIMARAM MUITO, MAS OBSERVARAM DE LONGE QUANDO UM ADULTO DEU OUTRO SKATE PARA UM DOS MASCARADOS – ELE USAVA A LADEIRA PRATEADA PARA SE DIVIDIR ENTRE AS DUAS PISTAS E CONSEGUIA VIGIAR OS DOIS MASCARADOS ENQUANTO TREINAVAM.

DEPOIS DISSO, OS DOIS VOLTARAM PARA A PISTA GRANDE. QUANDO REENCONTRARAM OS COLEGAS, CONTARAM TUDO SOBRE O HOMEM MISTERIOSO.

– PROVAVELMENTE, O HOMEM É UM GRANDE VILÃO! E OS OUTROS DOIS, CRIANÇAS TRANSFORMADAS! – DISSE ANDRÉ, QUE SE LEMBROU NA HORA DOS PATINS DESAPARECIDOS DE OTÁVIO.

NICO, ARRUMANDO A FIVELA DO CAPACETE, OPINOU: E SE EM VEZ DE SEGUIREM OS MASCARADOS, PASSASSEM A SEGUIR O HOMEM? A IDEIA PARECIA ÓTIMA, MAS TINHA UM PROBLEMINHA: COMO ELES O SEGUIRIAM SE TINHAM QUE ESTAR SEMPRE SOB OS OLHARES DOS RESPONSÁVEIS? TOMOKO DEU A RESPOSTA: ERA SÓ PEDIR PARA FICAREM PERTO DE ONDE O HOMEM ESTAVA, E NÃO DOS MASCARADOS!

ANDRÉ CONTINUAVA A ACHAR QUE ERA UM SUPERVILÃO MALVADO QUE TRANSFORMAVA AS CRIANÇAS EM PATINADORES E SKATISTAS E DEPOIS AS OBRIGAVA A LHE OBEDECER. NA CABEÇA DELE, O VILÃO-MOR, PROVAVELMENTE, USAVA ALGUMA COISA PARA DEIXAR OS CAPANGAS MASCARADOS COM SUPERPODERES E CADA VEZ MAIS FORTES.

– MAS ELES NÃO PARECEM FORTES – DISCORDOU TOMOKO.

– SÃO SÓ UM POUCO MAIORES E ENCORPADOS DO QUE A GENTE.

– TÁ, TUDO BEM, CONCORDO QUE NÃO FAZ SENTIDO MESMO – ADMITIU ANDRÉ, ANDANDO DE COSTAS COM O SKATE ENQUANTO ARGUMENTAVA. AFINAL, OS MASCARADOS PODERIAM USAR O SKATE E OS PATINS PARA FUGIR. MAS SOBRE OS SUPERPODERES EU ACHO QUE...

PLOFT! ANDRÉ NÃO TEVE TEMPO DE TERMINAR MAIS UMA DE SUAS IDEIAS FANTASIOSAS PORQUE ESBARROU EM OLÍVIA E TAMBÉM EM UM DOS MASCARADOS E OS TRÊS FORAM PARAR NO CHÃO. MESMO ASSUSTADO, BALBUCIOU UM PEDIDO DE DESCULPAS, MAS O OUTRO NADA DISSE. NICO E OS DEMAIS SE APROXIMARAM, E OLÍVIA APROVEITOU A SITUAÇÃO PARA CUMPRIMENTÁ-LO E TENTAR PUXAR PAPO.

NESSE MEIO TEMPO, O OUTRO MASCARADO SE APROXIMOU. AMBOS SE OLHARAM, MAS NÃO RESPONDERAM ÀS TENTATIVAS DE CONTATO DE OLÍVIA E SEUS AMIGOS. ELES, SIMPLESMENTE, DERAM AS COSTAS E COMEÇARAM A IR EMBORA DA PISTA, PARA INDIGNAÇÃO GERAL.

NICO, DESSA VEZ, NÃO SE SEGUROU.

– EI, VOCÊS DOIS AÍ, QUE FALTA DE EDUCAÇÃO É ESSA? A MINHA AMIGA FALOU COM VOCÊS, NÃO ESCUTARAM, NÃO?

OS MASCARADOS SAÍRAM DO PARQUE BEM RÁPIDO, COM A TURMA NA COLA DELES – E COM DONA CARLA, MÃE DE ANDRÉ, ATRÁS DOS CINCO, SEM ENTENDER NADA DO QUE ESTAVA ACONTECENDO. ASSIM QUE SAÍRAM DO PARQUE, ELES ENTRARAM EM UM CARRO. OLÍVIA, A MAIS VELOZ DE TODOS, ALCANÇOU O TRIO O MÁXIMO QUE PÔDE.

– GALERA, VOU CONFIRMAR QUANDO VOLTAR PARA CASA, MAS TENHO QUASE CERTEZA DE QUE DESCOBRI A IDENTIDADE SECRETA DOS MASCARADOS E DO HOMEM – AVISOU, AO REENCONTRAR OS AMIGOS, OLÍVIA. – E, ANDRÉ, PODE FICAR TRANQUILO! ELES NÃO SÃO NEM ESCRAVOS, NEM SUPER-HERÓIS, NEM VILÕES RADICAIS VINDOS DE UM PLANETA ALIENÍGENA – BRINCOU.

EM CASA, OLÍVIA ACESSOU A INTERNET COM AJUDA DOS PAIS E PESQUISOU REPORTAGENS SOBRE SKATE E PATINS. LOGO ENCONTROU AS TRÊS PESSOAS MISTERIOSAS DO PARQUE.

IDENTIFIQUE, ENTRE AS MATÉRIAS ENCONTRADAS POR OLÍVIA, QUAL DELAS MOSTRA A IDENTIDADE REAL DOS MASCARADOS.

A resolução do enigma

OLÍVIA, SATISFEITA, IMPRIMIU A MATÉRIA COM A FOTO QUE ENCONTROU NA INTERNET PARA LEVAR AOS COLEGAS NO PARQUE NO DIA SEGUINTE. NICO, ANDRÉ, FRED E TOMOKO ESTAVAM ESPERANDO POR ELA, MUITO ANSIOSOS. ELA MOSTROU A FOTO E EXPLICOU QUE O HOMEM ERA JOCA, UM DOS PRINCIPAIS SKATISTAS DO PAÍS, QUE JÁ TINHA CONQUISTADO VÁRIOS PRÊMIOS E AGORA SE DEDICAVA A TREINAR OS IRMÃOS GÊMEOS TOMÁS E TINA.

– VOCÊS SABEM QUEM SÃO, GENTE, ELES SÃO BEM FAMOSOS E CONHECIDOS! – AFIRMOU.

TODOS CONCORDARAM. TOMOKO, CHEIA DE SI, FOI LOGO DIZENDO QUE SEMPRE ESTEVE CERTA: ERA UMA MENINA, AFINAL DE CONTAS!

– E UM MENINO – COMPLETOU ANDRÉ, QUE AINDA ACHAVA QUE A DUPLA TINHA HABILIDADES MUITO SUSPEITAS, MESMO PARA ATLETAS.

TOMÁS ERA O PATINADOR E TINA ERA A SKATISTA. OLÍVIA CONTOU QUE OS DOIS TINHAM ATÉ UM PATROCINADOR PARA ARCAR COM AS DESPESAS. A GAROTA, NO ENTANTO, ESTAVA DECEPCIONADA. ELA ADMIRAVA OS TRÊS, CLARO, JÁ QUE OS IRMÃOS ERAM JOVENS ATLETAS IMPORTANTES E TALENTOSOS. ENTRETANTO, SE SENTIA DESAPONTADA COM AS ATITUDES NADA AMIGÁVEIS DOS DOIS NO PARQUE. NICO, PERCEBENDO A FRUSTRAÇÃO DA AMIGA, SUGERIU QUE ELES TENTASSEM FALAR COM OS DOIS NOVAMENTE.

NÃO DEU OUTRA: ASSIM QUE OS IRMÃOS PISARAM NA PISTA COM SUAS COSTUMEIRAS MÁSCARAS, OS CINCO FORAM FALAR COM ELES, LEVANDO A NOTÍCIA IMPRESSA POR OLÍVIA. ANSIOSO, ANDRÉ CHEGOU FALANDO QUE NÃO ADIANTAVA FUGIREM, JÁ QUE A TURMA SABIA MUITO BEM QUEM ELES ERAM.

OS IRMÃOS MASCARADOS SE ENTREOLHARAM E FORAM CONVERSAR COM O GRUPO DE AMIGOS. EM VOZ BAIXA, TOMÁS E TINA SE APRESENTARAM E PEDIRAM DESCULPAS PELOS MAUS MODOS.

– A GENTE SÓ QUERIA TREINAR COM SOSSEGO, SEM QUE MUITAS PESSOAS FICASSEM EM VOLTA, SEM FOTÓGRAFOS OU DISTRAÇÕES – EXPLICOU TINA.

OS CINCO ENTENDERAM A JUSTIFICATIVA LEVANTADA PELOS IRMÃOS E ATÉ SE SENTIRAM UM POUCO MAL, POIS FIZERAM JUSTAMENTE O QUE OS IRMÃOS TENTAVAM EVITAR. MESMO ASSIM, ANDRÉ, QUE NÃO ESTAVA TOTALMENTE CONVENCIDO, QUIS SABER COMO FAZIAM MANOBRAS TÃO DIFÍCEIS E TÃO BEM EXECUTADAS. ELES TINHAM ALGUM SEGREDO OBSCURO? UM TRUQUE? UMA TÁTICA SECRETA?

OS GÊMEOS RIRAM E DISSERAM QUE O ÚNICO SEGREDO ERA QUE ELES TREINAVAM DESDE MUITO PEQUENOS.

– RECEBEMOS A SUPERVISÃO DE UM TREINADOR, O JOCA. VOCÊS DEVEM TÊ-LO VISTO COM A GENTE – DISSE TOMÁS.

– SIM – DISSE TOMOKO. – TEMOS SEGUIDO OS PASSOS DELE. FOI POR ISSO QUE DESCOBRIMOS MAIS SOBRE VOCÊS.

– PARA NÃO CHAMAR MUITA ATENÇÃO – AFINAL, DOIS MASCARADOS NÃO PASSARIAM TÃO DESPERCEBIDOS –, JOCA TEVE A IDEIA DE SEPARAR A GENTE; CADA UM TREINA EM UMA DAS PISTAS E O PONTO DE ENCONTRO É A LADEIRA PRATEADA – DIVERTIU-SE TINA.

E A GAROTA CONTINUOU:

– VOCÊ QUER EXPERIMENTAR MEU SKATE? – DISSE TINA PARA ANDRÉ, QUE, MESMO INTRIGADO, ACEITOU.

ASSIM QUE DEU A PRIMEIRA VOLTA, ANDRÉ PERCEBEU QUE O SKATE PROFISSIONAL DE TINA REALMENTE DAVA DIFERENÇA NA HORA DAS MANOBRAS.

"É, TALVEZ, QUEM SABE, ELES NÃO TENHAM MESMO SUPERPODERES", PENSOU.

A PREOCUPAÇÃO DE TOMÁS E TINA ERA JUSTAMENTE QUE OUTRAS PESSOAS DESCOBRISSEM QUEM ELES ERAM E OS DOIS FOSSEM OBRIGADOS A TREINAR EM ESPAÇOS FECHADOS NOVAMENTE.

NICO E OS DEMAIS PROMETERAM NÃO REVELAR NADA A NINGUÉM. OS SETE JOVENS, ENTÃO, SE JUNTARAM PARA ANDAR DE SKATE E PATINS.

– VOCÊ É MUITO TALENTOSA, OLÍVIA! ACHO QUE O JOCA, NOSSO TREINADOR, VAI GOSTAR MUITO DE CONHECER VOCÊ – FALOU TINA, QUE PEDIU O TELEFONE DA MENINA E DEU O DA CASA DOS DOIS PARA ELA.

QUANDO A TURMA ESTAVA INDO EMBORA, CAIO, O MENINO DOS PATINS DESAPARECIDOS, E ROBERTO SE APROXIMARAM E PERGUNTARAM O PORQUÊ DE ELES ESTAREM FAZENDO AMIZADE COM OS MASCARADOS. SEGUNDO ROBERTO, ELES NÃO QUISERAM DEVOLVER OS PATINS DO AMIGO E NEGARAM QUALQUER ENVOLVIMENTO NO SUMIÇO.

OLÍVIA SAIU EM DEFESA DOS NOVOS COLEGAS, MAS A MÃE DELA, QUE ESTAVA ENCARREGADA DE CUIDAR DA TURMA, CHAMOU TODOS PARA IREM EMBORA, E A DISCUSSÃO ACABOU ALI.

NO DIA SEGUINTE, AO CHEGAREM À PISTA, NICO, OLÍVIA E OS DEMAIS PERCEBERAM ALGO ESTRANHO: ELA ESTAVA MUITO MAIS CHEIA QUE DE COSTUME, COM VÁRIOS ADULTOS E... FOTÓGRAFOS! OS GÊMEOS SURGIRAM COM SUAS COSTUMEIRAS MÁSCARAS E, DE REPENTE, AS PESSOAS FORAM PARA CIMA DELES, TIRANDO FOTOS E FAZENDO PERGUNTAS!

TOMÁS E TINA LANÇARAM UM OLHAR MAGOADO PARA O GRUPO DE NICO. CONVENCIDOS DE QUE FORAM ELES QUE REVELARAM SUAS IDENTIDADES, SE DESVENCILHARAM DO BURBURINHO E FORAM EMBORA. OS CINCO ESTAVAM CHOCADOS, POIS NENHUM DELES HAVIA FALADO NADA PARA NINGUÉM.

INCONFORMADAS, AS CRIANÇAS CONVERSARAM SOBRE O QUE PODERIA TER ACONTECIDO E, ENTÃO, UMA LEMBRANÇA VEIO À MENTE DE NICO: ELES HAVIAM DEIXADO UMA ESPÉCIE DE PISTA NO PARQUE NO DIA ANTERIOR.

VOCÊ QUER SABER QUAL FOI? VÁ ATÉ A PÁGINA 68, RECORTE OS PEDAÇOS DO ENIGMA, MONTE NA SEQUÊNCIA CORRETA E DESCUBRA O QUE ACONTECEU.

GAIO SABIA DE TUDO

NICO OLHOU PARA OLÍVIA, E OS DOIS, NA MESMA HORA, DESVENDARAM O QUE HAVIA ACONTECIDO:

– EU RASGUEI A FOLHA COM A IDENTIDADE DOS GÊMEOS E JOGUEI NO LIXO PERTO DA PISTA... – COMEÇOU OLÍVIA.

– ... E ALGUÉM ACHOU E CONTOU TUDO PARA A IMPRENSA! – COMPLETOU NICO.

TOMÁS E TINA FICARAM A SEMANA INTEIRA SEM APARECER NA PISTA. EM COMPENSAÇÃO, PIPOCAVAM REPORTAGENS SOBRE A DUPLA EM VÁRIOS JORNAIS E SITES, INCLUSIVE CONTADO QUE USAVAM MÁSCARAS E QUE COSTUMAVAM REAGIR COM HOSTILIDADE À APROXIMAÇÃO DAS PESSOAS NO PARQUE.

NA SEMANA SEGUINTE, OLÍVIA, ARRASADA, CONTOU AOS AMIGOS QUE TINHA LIDO QUE OS GÊMEOS HAVIAM PERDIDO O CONTRATO COM O PRINCIPAL PATROCINADOR POR CONTA DO JEITO MAL-EDUCADO COM QUE TRATARAM AS PESSOAS.

OLÍVIA SE SENTIA PESSOALMENTE RESPONSÁVEL PELA SITUAÇÃO, POR TER DESCOBERTO A IDENTIDADE DELES. NICO TENTOU CONSOLÁ-LA, MAS ELE E OS OUTROS TAMBÉM ESTAVAM TRISTES COM A CONFUSÃO QUE CAUSARAM.

MAS QUEM TINHA DEDURADO OS DOIS? SEM ANIMAÇÃO PARA TREINAR NOVAS MANOBRAS, A TURMA DO NICO PASSOU A TARDE INTEIRA PENSANDO E CONVERSANDO SOBRE O ASSUNTO. QUANDO NICO FOI ATÉ O BEBEDOURO, ACABOU SE DEPARANDO COM UMA CENA QUE EXPLICOU MUITA COISA! ALGUÉM ESTAVA CONVERSANDO COM UM REPÓRTER.

PERCORRA O CAMINHO CORRETO PELO LABIRINTO E DESCUBRA QUEM ERA.

NICO CONTOU PARA TODOS O QUE TINHA ACABADO DE VER E TUDO COMEÇOU A FAZER SENTIDO! A TURMA SE LEMBROU DA OCASIÃO EM QUE CAIO E OS AMIGOS DELE PERGUNTARAM SOBRE OS MASCARADOS E, DEPOIS QUE FORAM EMBORA, O GRUPO DE CAIO PERMANECEU NA PISTA. ALGUÉM PODERIA TER PEGADO A FOLHA NO LIXO!

OLÍVIA SUGERIU QUE TODOS FOSSEM IMEDIATAMENTE FALAR COM CAIO. NICO, NO ENTANTO, DISSE QUE ELES NÃO PODERIAM ACUSAR NINGUÉM SEM PROVAS.

QUANDO SE APROXIMARAM, O GAROTO ACABOU CONFESSANDO QUE ELE E OS AMIGOS CONTARAM TUDO PARA UM REPÓRTER. COMO O PRIMO DO CAIO TRABALHAVA EM UM JORNAL, TUDO FICOU MAIS FÁCIL. PORÉM, ROBERTO CONTINUAVA A INSISTIR QUE OS IRMÃOS TINHAM PEGADO OS PATINS DO AMIGO.

– MAS ISSO NÃO FAZ SENTIDO, PORQUE ELES GANHAM OS EQUIPAMENTOS DO PATROCINADOR – RETRUCOU FRED.

SEM SAÍDA, CAIO, ENFIM, REVELOU QUE NUNCA TEVE O PAR DE PATINS.

– MEU TIO DESISTIU DE COMPRÁ-LOS PORQUE ERAM CAROS DEMAIS – CONFESSOU, COM O ROSTO VERMELHO. FOI COINCIDÊNCIA TOMÁS TER APARECIDO COM UM PAR IGUALZINHO.

AS CRIANÇAS FICARAM INCONFORMADAS POR CAIO TER MANTIDO UMA MENTIRA FEIA POR TANTO TEMPO. NICO, PORÉM, AFIRMOU QUE O JULGAR NÃO ADIANTARIA NADA NAQUELE MOMENTO. O CERTO ERA PEDIR A CAIO QUE CORRIGISSE O ERRO, FAZENDO ALGO QUE PUDESSE AJUDAR OS GÊMEOS A RECUPERAR O QUE TINHAM PERDIDO. ELE, AINDA QUE ENVERGONHADO, CONCORDOU.

O SUPERPLANO

MAIS DO QUE DEPRESSA, NICO E OLÍVIA DECIDIRAM TELEFONAR PARA OS GÊMEOS. SÓ QUE O PAPEL COM O NÚMERO DELES ESTAVA PRATICAMENTE DESTRUÍDO, PORQUE OLÍVIA TINHA ESQUECIDO DE TIRÁ-LO DO BOLSO DA BERMUDA ANTES DE A MÃE DELA COLOCAR A PEÇA NA MÁQUINA DE LAVAR ROUPAS. **SE NÃO DECIFRAREM OS NÚMEROS, NICO E OLÍVIA NÃO CONSEGUIRÃO TELEFONAR PARA OS IRMÃOS. QUE TAL AJUDAR OS AMIGOS? RESOLVA AS EQUAÇÕES E IDENTIFIQUE O NÚMERO DE TOMÁS E TINA.**

SOMA: 1 + 1 = ____________________

SOMA: 1 + 1 + 1 = ____________________

SUBTRAÇÃO: 5 - 1 = ____________________

RESULTADO DE 9 - 2 = ____________________

SOMA: 5 + 3 = ____________________

NÚMERO QUE É METADE DE UMA DÚZIA = ____________________

É O DOBRO DE 4 = ____________________

SOMA: 1 + 0 = ____________________

NICO E OLÍVIA, COM A AJUDA DOS PAIS DELA, LIGARAM PARA OS IRMÃOS. O TELEFONE TOCOU, TOCOU E NADA. OLÍVIA DEIXOU UM RECADO NA SECRETÁRIA ELETRÔNICA, PEDINDO QUE APARECESSEM NO DIA SEGUINTE NO PARQUE.

AO CHEGAREM, TOMÁS E TINA ENCONTRARAM AS CRIANÇAS AO LADO DE FABIANO, O PRIMO JORNALISTA DE CAIO. SEGUNDO FABIANO, SEU CHEFE TINHA CONCORDADO EM FAZER UMA NOVA REPORTAGEM CONTANDO O PONTO DE VISTA DOS IRMÃOS SOBRE SUAS ATITUDES E A PERDA DO PATROCÍNIO. JOCA, O TREINADOR, TAMBÉM ACOMPANHOU OS GÊMEOS.

A MATÉRIA FICOU ÓTIMA! TOMÁS E TINA PUDERAM CONTAR A DIFICULDADE DE ENCONTRAR LUGARES TRANQUILOS PARA TREINAR, ALÉM DE EXPLICAR COMO É DURO OBTER EQUIPAMENTOS PROFISSIONAIS SEM O APOIO DE UM PATROCINADOR.

OS IRMÃOS AINDA PEDIRAM DESCULPAS POR TEREM REAGIDO MAL À APROXIMAÇÃO DAS PESSOAS. OS DOIS JUSTIFICARAM QUE NÃO QUERIAM SER INCOMODADOS, POIS DESEJAVAM SE CONCENTRAR NOS TREINOS, E NÃO HAVIAM SE DADO CONTA DE QUE ESTAVAM SENDO ANTIPÁTICOS.

ALGUNS DIAS DEPOIS, ENQUANTO ASSISTIA À TV, NICO VIU TOMÁS E TINA ANDANDO DE SKATE EM UM PARQUE ENORME. OS GÊMEOS ERAM AGORA GAROTOS-PROPAGANDA DE UMA MARCA BEM FAMOSA DE ROUPAS ESPORTIVAS, CONHECIDA POR VALORIZAR OS ESPORTES AO AR LIVRE E A VIDA SAUDÁVEL.

OLÍVIA ACABOU FICANDO AMIGA DOS IRMÃOS E COMEÇOU A SE INTERESSAR PELA POSSIBILIDADE DE CONSEGUIR UM PATROCÍNIO PARA SE TORNAR UMA ATLETA PARAOLÍMPICA DOS XGAMES. E O MELHOR: JOCA TINHA CONCORDADO EM TREINÁ-LA UMA VEZ POR SEMANA E BUSCAR PATROCÍNIO PARA A GAROTA. NO FIM DAS CONTAS, TODA A CONFUSÃO TEVE UM LADO MUITO POSITIVO, ESPECIALMENTE PARA OLÍVIA.

EM MAIS UMA TARDE ENSOLARADA NO PARQUE, ANDRÉ COMENTOU COM NICO E OS AMIGOS QUE ELES REALMENTE ERAM MUITO BONS EM INVESTIGAR, POIS TINHAM CONSEGUIDO RESPONDER A TODAS AS PERGUNTAS! VOCÊ SE RECORDA QUAIS ERAM?

1. QUEM ERA O MASCARADO?

2. COMO ELE PODERIA SER BOM EM DOIS ESPORTES?

3. POR QUE OS MASCARADOS NÃO FORAM AO CAMPEONATO?

4. POR QUE USAVAM MÁSCARAS?

5. QUEM ERA O ADULTO MISTERIOSO QUE ACOMPANHAVA OS GÊMEOS?

MOSTRE QUE VOCÊ TAMBÉM É UM SUPERDETETIVE E SOLUCIONE ESTE DESAFIO FINAL. AO LONGO DA HISTÓRIA, FRED SE COMPORTOU DE UMA MANEIRA BASTANTE DIFERENTE. A TURMA DO NICO DESCONFIAVA QUE ELE ESTAVA APRONTANDO ALGUMA COISA. SIGA OS RASTROS QUE DEIXAMOS DENTRO DO LIVRO, JUNTE AS PISTAS E DESVENDE MAIS ESSE ENIGMA.

PISTA 1
NA PÁGINA 5, FRED DÁ UMA DICA DE QUE QUER ALGO A MAIS, ALÉM DOS PATINS. ALGUMA IDEIA?

PISTA 2
NA PÁGINA 9, QUEM FOI PASSAR UNS DIAS NA CASA DO FRED?

PISTA 3
NA PÁGINA 13, FRED FOI O ÚLTIMO A CHEGAR NO INTERVALO. VOCÊ LEMBRA O QUE ELE FOI FAZER NA SALA DE MÚSICA?

PISTA 4
NOTOU ALGO DIFERENTE NA POSTURA DE FRED NA PÁGINA 34?

PISTA 5
O QUE FRED ESTÁ FAZENDO NA PÁGINA 59?

APÊNDICE

PÁGINAS 16 E 17

CAROLINA MENDONÇA	ULISSES CRUZ
IGOR CAXIAS	INGRID SOARES
CAIO SAMPAIO	AMÉLIA JUNQUEIRA
CIBELE ONOFRE	ANNA PAES
CIRILO LOPES	BOB FERNANDES
CATARINA LEMOS	HANNAH MONTEIRO
ELIZABETHE VENTURINI	NATAN MULLER

REIS

JUNQUEIRA

COUTINHO

BARBOSA

TOMOKO

LIXO

RESPOSTAS

PÁGINA 10

O MASCARADO ESTÁ NA PONTA DA PISTA FAZENDO UMA MANOBRA DE SKATE.

PÁGINA 15

PISTA 1 – CAROLINA MENDONÇA – CAIO SAMPAIO – CIBELE ONOFRE – CIRILO LOPES – CATARINA LEMOS
PISTA 2 - ELIZABETHE VENTURINI – INGRID SOARES – IGOR CAXIAS – ULISSES CRUZ – AMÉLIA JUNQUEIRA
PISTA 3 – ANNA PAES – BOB FERNANDES – HANNAH MONTEIRO – NATAN MULLER – OTTO MARQUES
PISTA 4 – DOMÊNICO REIS – ANDRÉ COUTINHO – ANA TOMOKO – FREDERICO JUNQUEIRA – OLÍVIA BARBOSA
OS NOMES E SOBRENOMES DA TURMA DO NICO ESTÃO NAS PÁGS. 04 E 05.

PÁGINA 21

BOguKr E mNBcNrNdE
(R. SEGUIR O MASCARADO)

dOBcESrKr E AEmO dOlO
(R. DESCOBRIR O NOME DELE)

NAEGNr mNAESrNB
(R. ANOTAR MANOBRAS)

PÁGINA 29

ELE VIU DOIS MASCARADOS – UM ANDANDO DE SKATE E OUTRO, DE PATINS.

PÁGINA 32

GÊMEO DO SKATE – SKATE; GARRAFINHA DE ÁGUA; MÁSCARA VERMELHA; COTOVELEIRA APENAS NO BRAÇO DIREITO, TÊNIS VERMELHO E JOELHEIRAS VERMELHAS.
GÊMEO DOS PATINS – PATINS; COPINHO DE ÁGUA; JOELHEIRA APENAS NO JOELHO DIREITO; MÁSCARA VERDE; COTOVELEIRA NO BRAÇO ESQUERDO.

PÁGINA 33

OTTO MARQUES.

PÁGINAS 38 E 39

ELES VIRAM QUE OS MASCARADOS ESTAVAM ACOMPANHADOS DE UM ADULTO, POSSIVELMENTE UM TREINADOR. O SKATISTA USA ACESSÓRIOS VERDES E O PATINADOR USA ACESSÓRIOS VERMELHOS.

PÁGINA 45

A FOTO MOSTRA O SKATISTA JOCA, ÍDOLO DE OLÍVIA, AO LADO DOS GÊMEOS TOMÁS E TINA, ATLETAS PROFISSIONAIS DOS PATINS E DO SKATE, RESPECTIVAMENTE.

PÁGINA 53

A. OLÍVIA MOSTRA A REPORTAGEM PARA OS GÊMEOS.
B. OLÍVIA AMASSA O PAPEL.
C. OLÍVIA JOGA O PAPEL NO LIXO.
D. ALGUÉM PEGA O PAPEL NO LIXO.
E. REPÓRTERES APARECEM NO PARQUE.

PÁGINA 55

PÁGINA 58

SOMA: 1 + 1 = 2
SOMA: 1 + 1 + 1 = 3
SUBTRAÇÃO: 5 - 1 = 4
RESULTADO DE 9 - 2 = 7
SOMA: 5 + 3 = 8
NÚMERO QUE É METADE DE UMA DÚZIA = 6
É O DOBRO DE 4 = 8
SOMA: 1 + 0 = 1
(R. 2347-8681)

PÁGINA 62

QUEM ERA O MASCARADO?
TINA ERA A MASCARADA DE SKATE. E TOMÁS ERA O MASCARADO DE PATINS.

COMO ELE PODERIA SER BOM EM DOIS ESPORTES?
NÃO ERA. TINA ERA BOA NOS PATINS. E TOMÁS ERA BOM NO SKATE.

POR QUE OS MASCARADOS NÃO FORAM AO CAMPEONATO?
OS GÊMEOS SÃO ATLETAS PROFISSIONAIS.

POR QUE ELES USAVAM MÁSCARAS?
PARA NÃO SEREM IDENTIFICADOS.

QUEM ERA O ADULTO MISTERIOSO?
JOCA, O TREINADOR.

PÁGINA 63

PISTA 1 – NA PÁGINA 5, FRED DÁ UMA DICA DE QUE QUER ALGO A MAIS, ALÉM DOS PATINS. ALGUMA IDEIA?
FRED QUER APRENDER A DANÇAR.

PISTA 2 – NA PÁGINA 9, QUEM FOI PASSAR UNS DIAS NA CASA DO FRED?
O PRIMO MAIS VELHO DELE.

PISTA 3 – NA PÁGINA 13, FRED FOI O ÚLTIMO A CHEGAR NO INTERVALO. VOCÊ LEMBRA O QUE ELE FOI FAZER NA SALA DE MÚSICA?
ELE FOI BUSCAR PANFLETOS DE AULAS DE DANÇA.

PISTA 4 – NOTOU ALGO DIFERENTE NA POSTURA DE FRED NA PÁGINA 34?
ELE ESTÁ ENSAIANDO ALGUNS PASSOS.

PISTA 5 – O QUE FRED ESTÁ FAZENDO NA PÁGINA 59?
DANÇANDO.

RESPOSTA DO DESAFIO: FRED ESTÁ FAZENDO AULAS DE DANÇA.

©Wellington Nemeth

REINALDO DOMINGOS NASCEU EM CASA BRANCA, INTERIOR DE SÃO PAULO. FILHO DE PAI FERROVIÁRIO E DE MÃE AUTÔNOMA, AOS 12 ANOS DE IDADE, REALIZOU O PRIMEIRO DOS SEUS MUITOS SONHOS: COMPRAR UMA BICICLETA. ATUALMENTE, É PHD EM EDUCAÇÃO FINANCEIRA E MENTOR DE UMA METODOLOGIA COMPORTAMENTAL, A **METODOLOGIA DSOP**, QUE VIVENCIA DESDE OS 12 ANOS, SOBRE COMO ERA POSSÍVEL REALIZAR TODOS OS SONHOS – MATERIAIS OU NÃO MATERIAIS.

AUTOR DO *BEST-SELLER TERAPIA FINANCEIRA* E DIVERSOS OUTROS LIVROS. PUBLICOU AS SÉRIES *O MENINO E O DINHEIRO* E *O MENINO DO DINHEIRO* E OS LIVROS *O MENINO DO DINHEIRO EM CORDEL*, *TER DINHEIRO NÃO TEM SEGREDO*, *ABCD DA EDUCAÇÃO FINANCEIRA*, *MESADA NÃO É SÓ DINHEIRO*, *SABEDORIA FINANCEIRA*, *PAPO EMPREENDEDOR* E A SÉRIE *DINHEIRO SEM SEGREDO*. É AUTOR, AINDA, DE DUAS COLEÇÕES DIDÁTICAS DE EDUCAÇÃO FINANCEIRA PARA O ENSINO BÁSICO. TAMBÉM É AUTOR DO MAIS NOVO LANÇAMENTO DA EDITORA DSOP, A *COLEÇÃO DOS SONHOS PARA EDUCAÇÃO FINANCEIRA*, QUE FAZEM PARTE DOS PROGRAMAS "DESCOBRIR", "EXPLORAR", "EXPANDIR" E "CONSTRUIR", ADOTADA POR DIVERSAS ESCOLAS PÚBLICAS E PRIVADAS.